빛깔있는 책들 101-3

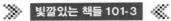

소반

글, 사진 / 나선화

대원사

나선화 ————————————
이화여자대학교 문리대 사학과에서
한국미술사를 전공하였으며, 지금은
이화여자대학교 박물관에 근무하고
있다.

빛깔있는 책들 101-3

소반

사진으로 보는 소반

나주반　조선 말기에 정형화한 나주반의 기본형이다. 반면(盤面)은 네 귀를 잘라 귀접이하고 판은 두 개의 은행나무 판을 맞대어 맞이음하였다. 운각은 운초선(雲草線)으로 잘라 내어 원통형 다리에 물려 있다. 다리는 밖으로 약간 뻗치도록 안오금을 주고 있어서 전체 형태는 경쾌하고 시원한 느낌을 주는 작품이다. 높이 34.2센티미터, 넓이 75×57.8센티미터

나주반　귀접이한 반, 원통형 다리, 굴곡 가락지의 구성이 전형적인 나주반이다. 운각을
亞자 판으로 깎아 끼웠기 때문에 다리가 판 밑에 연결된 점이 색다르다. 창살과 같은 亞
자 모양 운각과 죽절형 다리의 조화로 보아 기개 높은 선비의 소유물인 듯하다. 괴목나
무의 아름다운 목리가 반짝이는 옻칠 밑에 비쳐서 더욱 단단하게 보인다. 교자상과 같
은 대형이면서 안정된 구성이다. 높이 33센티미터, 넓이 78.3×46.1센티미터

나주반　위와 아래의 반 모두 亞자 투조 운각에 굴곡 가락지와 죽절형 다리로 짜였다. 위
　　는 반의 변죽을 얇게 뽑아 내고 네 귀를 둥글게 굴렸으며 아래는 두툼한 판의 네 귀를
　　능형(菱形)으로 해주반 형식으로 굴렸다. 아래는 위에 비하여 각 부재가 굵게 들어가
　　둔중한 느낌을 준다. 두 반은 모두 전형적인 식반의 규격이다. 높이 28.6센티미터, 넓이
　　45.2×34.3센티미터(왼쪽 위) 높이 22센티미터, 넓이 33×25센티미터(왼쪽 아래)
해주반　황해도 해주에서 만들어진 전형적인 반이다. 반면은 네 귀를 능형으로 굴려 내
　　고 통판을 깎아 변죽을 내었으며 판각으로 두 다리를 만들어 붙였다. 판각에는 팔각 투
　　창에 卍자 창살이 들어가 있어 불발기창을 낸 듯하다. 운각은 조각 장식이 없어 해주반
　　으로는 간결한 구성을 보이고 있다. 용재는 가래나무이다. 높이 27.5센티미터, 넓이
　　44.5×33.7센티미터(오른쪽)

해주반   화려한 조각 장식이 고려말 무신들이 빚어 낸 문화의 단편이 남아 있는 듯한 느낌
을 주는 반이다. 높이 27센티미터, 넓이 34.9×45센티미터(왼쪽 위, 아래)
卍자 투조의 판각으로 되어 있어 기본형은 해주반 형식이나 네 귀를 귀접이한 반면, 아
구 물린 변죽, 간결한 운각 등은 나주반의 장식법을 취하고 있어 두 반의 절충형인 특이
한 형태이다. 높이 25센티미터, 넓이 32.4×28.8센티미터(오른쪽 위)
해주반 형식을 취하고 있으나 해주반으로서는 보기 드문 겸상용의 규격으로 낮은 책상
반의 형태를 하고 있다. 높이 24.3센티미터, 넓이 71×45.5센티미터(오른쪽 아래)

나주반식 통영반   반 바로 밑에 끼워진 원통형 다리의 구조는 통영반 형식이나 중대만 다리 가운데에 둘러지고 얕은 운각을 다리에 끼우는 나주반식의 제작 기법이 혼합되어 있다. 외형에서 오는 강직하고 곧은 직선의 사용과 실용성이 돋보이는 점에서 통영반으로 분류하였다. 높이 26.6센티미터, 넓이 43.6×33.1센티미터

통영반 상판의 네 귀는 능형으로 굴려 부드럽게 처리하고 원통형의 굵은 네 다리가 상판
에 바로 끼워져 있고 초문(草紋)이 양각된 초엽에 상중대와 하중대가 둘려진 전형적인
통영반이다. 반면에는 통영 지방의 특산물인 자개로 화려하게 장식되어 있다. 문양의
구성이나 자개의 조패법 등으로 보아 최근세의 작품으로 추정된다. 높이 27센티미터,
넓이 44.5×35.3센티미터

마족(馬足) 통영반 느티나무의 시원한 목리를 취해서 반면을 만들고 초엽의 폭은 좁게
잡았다. 초엽 밑의 상중대와 연결하여 亞자 투조에 3개의 원을 넣어 하중대를 대신한 화
려한 장식의 구조이다. 원통형 상다리가 밑으로 내려와서는 마족으로 변화되고 있다.
조선 말기에 여러 요소가 혼합된 상으로 용재와 칠이 고급품이다. 높이 28.5센티미터, 넓
이 50.2×38.6센티미터

14

통영반　목리가 아름다운 느티나무 판을 썼고 네 다리는 천판에 연결된 통영반식이다. 초
엽 대신 당초와 나비의 투조대가 다리를 감아 판을 받치고 있으며 중대는 연주문대로
변형하여 주렴을 늘어뜨린 듯이 장식되어 있는 화려한 반이다. 아래 다리 역시 죽절형
으로 깎아 장식이 과다해진 20세기초의 것이다. 높이 26.3센티미터, 넓이 43.2×24.6센티
미터

12각 호족반   운각에 물린 다리의 종아리 부분은 바깥 선이 밖으로 튀어나온 곡선이고
안쪽은 직선을 이루어 힘있게 보이도록 했다. 발목은 잘록하여 발끝의 곡선으로 우아하
게 매듭지은 전형적인 호족반이다. 높이 35.5센티미터, 지름 62.3센티미터(왼쪽)
높이 22.9센티미터, 지름 32센티미터(오른쪽 위)
높이 30센티미터, 지름 41센티미터(오른쪽 아래)

12각 호족반 반의 크기가 넓으며 다리는 묵직하고 견고하게 만들었다. 다리의 종아리 부분 바깥 선은 각을 주고 당초와 죽절형 풍혈을 투조하여 장식하였다. 높이 31.9센티미터, 지름 46.5센티미터

12각 호족반 운각과 다리가 굵어 묵직한 느낌을 주며 변죽도 두툼하게 깎여져 튼튼해
 보인다. 높이 29.2센티미터, 지름 40센티미터

12각 호족반 종아리에서 발목까지 똑같은 굵기의 다리는 곡선이 완화되어 힘을 잃은 형
상이나 날렵하고 경쾌한 선으로 처리되었다. 발 부분의 촉이 밖으로 나오지 않고 발은
족대에 사뿐히 얹혀 있다. 높이 35.8센티미터, 지름 53.8센티미터

12각 호족반   호족의 바깥 선을 직선으로 각을 주며 깎고 발끝도 직선으로 각을 주며 잘라 내어 단정하고 힘차게 보이는 남성적 소반이다. 높이 31.3센티미터, 지름 50.3센티미터

12각 호족반 두툼한 행자목 판으로 반면을 만들고 변죽 안쪽에 주칠을 하였다. 반의 중
앙에는 여러 가지 글자 무늬를 새겨 넣었다. 높이 16.5센티미터, 지름 26센티미터(왼쪽)
자개 천도문(天桃紋) 호족반 높이 24센티미터, 지름 31.2센티미터(오른쪽 위)
자개 포도문 호족반 높이 21센티미터, 지름 30.7센티미터(오른쪽 아래)

23

화형(花形) 호족반   두툼한 느티나무 판으로 여덟 잎의 꽃 모양으로 깎아 만든 것이다.
비교적 다리가 높고 호족의 굴곡도 안정되어 있는 균형잡힌 반으로 반면의 목리가 장식
효과를 내고 있다. 높이 22.1센티미터, 지름 33.2센티미터

원형 호족반 두툼한 행자목 판으로 반면을 깎아 내어 변죽을 만든 원반이다. 원반에 붙은 운각은 8면으로 깎아 끼워서 운각의 선이 간결하게 대비되어 전체 인상이 깔끔하다. 네 다리는 호족의 굴곡이 심하고 두툼하여 하체가 오히려 무거워 보인다. 다과반으로도 자주 쓰였음직하게 규격이 작으며 칠이 좋은 반이다. 높이 24.4센티미터, 지름 34.6센티미터

주칠 호족원반 반의 직경이 60센티미터 이상이어서 혼자 들기에는 힘든 대형 반이다. 굴곡이 심한 굵은 다리에는 구름과 조우형(鳥羽形)의 풍혈을 달아 장식하였고 반면과 풍혈에 주칠을 하고 그 외는 흑칠을 한 궁중용이다. 높이 38.7센티미터, 지름 62.7센티미터(왼쪽)

자개 구족반(狗足盤) 민가에서 흔히 사용하던 개다리 소반으로 충주 지역에 보급되어 충주반이라고도 불리운다. 높이 35센티미터, 지름 72센티미터(오른쪽)

12각 두레반　반면이 넓고 높이는 낮아 잔치 때 음식을 차려 놓던 소반의 기본 형식이 남은 형태이다. 후에는 어린아이 돌상으로 그 용도가 굳어졌다. 반면과 운각의 짜임을 튼튼히 하기 위하여 반면 안쪽에 판재를 덧대어 판각과 반턱짜임을 이루었다. 은행나무의 고운 결이 부드럽고 윤기 있는 칠의 반이다. 높이 22센티미터, 지름 56.8센티미터

공고상 먼 거리를 운반하는 상이므로 앞을 보기 위한 개창(開窓), 손잡이인 투조의 투창
  등이 마련되어 있다. 가벼운 은행나무로 짰고 개창의 화두창(火頭窓)은 유려하면서도
  안정감을 준다. 높이 27.5센티미터, 지름 43.5센티미터

풍혈반 판각에 卍자문 능형 투창, 화두창의 개창 등은 공고상의 형식을 취하고 있다. 그러나 높은 다리에 얕은 개창은 머리에 이었을 때 앞이 보이지 않는 것이어서 공고상 형식이 소반의 한 형태로 정착한 것으로 추정된다. 높이 25.5센티미터, 지름 37.9센티미터

풍혈반　공고상에서 변화된 형태로 판각의 각 면에 여의두, 장방형 투창과 卍자 투조 투
　　　창이 장식 효과를 내고 있다. 12각 반면에 6각 판각으로 짜여진 구조이다. 높이 28.5센티
　　　미터, 지름 40센티미터

순화궁 풍혈반 공고상의 변형인 풍혈반이다. 판각의 각 면 중앙에 4능화형 투창을 뚫고 앞쪽에 커다란 화두창의 개창이 시원한 느낌을 준다. 상 밑의 음각 명문으로 궁중반의 일례임을 알 수 있다. 높이 26.4센티미터, 지름 37센티미터

풍혈반 공고상의 변형이어서 안상(眼象)의 투창에는 손잡이의 기능이 남아 있고 판각의 각 면 아래에 화두창은 얕게 내어 8개의 발이 달려 있다. 판각이 반면에서 수직으로 내려 와 있어 시각적으로 균형이 잡혀 있지 않다. 12각의 반면에 8각의 판각이 다소 기이한 느 낌을 주는 특이한 구성이다. 높이 28.5센티미터, 지름 40센티미터

주칠 원반　둥근 판과 원통형 각 그리고 낮은 접시 모양으로 살짝 들린 변죽이 고식(古式)의 전통을 잘 유지하고 있다. 높이 29.5센티미터, 지름 48.3센티미터(왼쪽)

주흑칠 호족원반　당초 풍혈이 장식된 당당한 다리, 유연한 당초 투조의 운각이 아름다운 왕가의 대형 반이다. 높이 35센티미터, 지름 72센티미터(오른쪽 위)

주흑칠 두레반　12쪽을 이음한 12각의 판각 각 면에는 칠보문, 卍자문, 불로초, 길상문자를 창살로 넣고 주칠을 하여 장식한 화려한 두레반이다. 높이 27.7센티미터, 지름 72.9센티미터(오른쪽 아래)

화형 일주반(花形一柱盤)   반면은 5잎의 배꽃 모양으로 깎아 낸 외다리 소반이다. 높이
  22센티미터, 지름 37센티미터(왼쪽 위)
12각 일주반   반 밑의 네 다리는 상 밑으로 올려 붙여서 숨기고 운당초(雲唐草)의 아래 다
  리만이 사방을 힘차게 딛고 있다. 높이 26.3센티미터, 지름 37센티미터(왼쪽 아래)
호족 6각반   다과상이나 찻상으로 쓰인 낮은 반으로 반면이 6각인 점이 특이하며 변죽에
  는 주칠을, 반면에는 흑칠을 한 호화반이다. 높이 12.5센티미터, 지름 21.7센티미터(오
  른쪽)

모란문 장식 소원반(小圓盤) 얇은 소나무 판 3쪽을 맞이음하여 반을 만들고 부드러운
굴곡의 호족 6개가 달린 작은 반이다. 운각에는 모란당초를 중대와 연결하여 투조하였
는데 그 조각 선이 부드럽고 화려하다. 웃어른이나 손님 앞에 주로 나가는 다과상은 견
고성보다는 장식에 중점을 두어 제작된다. 높이 17센티미터, 지름 27.4센티미터

4각반 일반 민가에서 사용하는 규격으로는 흔치 않은 정방형이다. 판은 변죽에 물려 있
고 사방을 막은 판각의 각 면에 화두창의 풍혈을 내어 네 발이 생긴 정교한 짜임이다. 높
이 7센티미터, 넓이 25.2×25.2센티미터

40

주흑칠 다반(茶盤)　둥근 접시 모양의 원반으로 주변은 흑칠을, 내부는 주칠을 한 3족의
　　다반이다. 아래는 이러한 다반을 여러 층 쌓은 모양이다. 높이 9.3센티미터, 지름 35센티
　　미터(왼쪽)
해주반식 겸상　해주반의 축소형으로 장방형 반면에 변죽이 수직으로 올려 세워진 작은
　　치수의 귀여운 상이다. 높이 13센티미터, 넓이 21.7×14센티미터(오른쪽)

전골상　결상과 동일한 규격으로, 반면에 2개의 둥근 구멍이 뚫려 있어 전골 냄비를 올려
놓을 수 있도록 했다. 결상의 일종인 전골상에도 박쥐 투조, 卍자 양각 등의 장식을 하였
다. 높이 14.7센티미터, 넓이 23×15.6센티미터

잔상 천판의 중앙에 둥근 구멍을 내어 잔을 올려 놓도록 한, 세 발이 달려 있는 작은 상이
다. 가느다란 3개의 호족은 연약하기만 하여 방바닥에 놓기보다는 상이나 탁자 위에 놓
았음직하다. 높이 10센티미터, 지름 17센티미터

4각 호족반   길다란 장방형 반에 변죽을 목판형의 수직으로 올린 제상의 하나로 향로, 향
   합, 향꽂이, 강신(降神)잔을 올리는 데 쓰인다. 높이 31.3센티미터, 넓이 52.9×40.8센티
   미터

강원도 반   두꺼운 통판을 거칠게 다듬어 반면을 만들고 변죽을 낮게 깎아 낸 투박한 막
  소반이다. 높이 25.7센티미터, 넓이 40.5×32.5센티미터(왼쪽)
    기본 형태는 양쪽에 판각이 세워진 해주반식으로, 산간에서 쉽게 구하는 피나무, 소나무
  를 써서 제작하였다. 높이 26.9센티미터, 넓이 40.6×32.2센티미터(오른쪽)

통나무 원반   깊은 산간 지방에서 함지박, 나막신, 바리때 등을 칼, 낫, 자귀를 이용해서
깎는, 전문가가 아닌 단순 목물장들에 의해서 만들어진 반이다. 높이 24센티미터, 지름
41센티미터

자개 일주반 거북의 등에 솟은 울퉁불퉁한 일주(一柱)에 연지형(蓮池形)의 반이 받쳐져
있는 형태이다. 반면에는 하엽과 시문을 영롱한 자개로 장식한 화려한 별반(別盤)이다.
높이 23센티미터, 넓이 23.5×36.3센티미터

소반

소반의 특성과 쓰임새

　수십 년 혹은 수백 년의 긴 시간이 흐르고 생활의 규모와 제도는 바뀌었지만 지난 시대의 사상과 생활 모습을 오래도록 간직하여 우리의 전통과 문화를 일깨워 주는 선조들의 유품 가운데 소반(小盤)은 상당히 중요한 몫을 차지한다고 할 수 있다.

소반의 역사

　소반은 단순히 기물을 받치는 기능을 지닌 것이지만 오래전부터 일상 생활에 널리 쓰여 왔기 때문에 나무로 만든 것 외에도 여러 가지 재료로 만든 다양한 소반이 많이 남아 있다. 식기를 받치는 용구인 식반(食盤)만 하여도 그 역사는 매우 오래 되었다.
　중국에서는 초·한대(楚漢代)의 묘인 하남성 신양시(河南省信陽市), 호남성 장사시(湖南省長沙市)의 고분에서 붉은 칠에 정교한 구름무늬(雲紋)가 장식된 칠반(漆盤)이 출토되었다.
　우리나라에서는 통구(通溝)에 있는 5~6세기 고구려 고분벽화인

무용총 주실 벽화

각저총(角低塚) 현실 북벽 부부상도(夫婦像圖), 무용총(舞踊塚) 주실 오른쪽 벽에 묘주(墓主)의 생활을 그린 그림에 음식을 담은 식기를 받친 4각반(四角盤)이 그려져 있다. 이 벽화에 그려진 4각반은 4각상판(四角床板)에 곧게 뻗어내린 4개의 다리가 달려 있는데 그림만으로는 이것이 목반인지 아닌지 확실히 알 수 없고 크기도 짐작할 수 없었다.

　그러나 1977～1982년 사이에 일본에서 발굴 조사된 경도부 중군

각저총 현실 부부상도

봉산정(京都府中郡峰山町) 고분에서 출토된 목제품 가운데 고구려 벽화에 그려져 있는 4각상과 비슷한 것이 출토되었다.

이것은 두 개의 널판으로 상판(床板)을 만들고 네 모퉁이에 4개의 곧은 다리가 있고 발은 제각형(蹄脚形;말발굽 모양)이다. 이 목반의 규격은 높이 31센티미터, 판 넓이 73×42센티미터, 판의 두께 3.5센티미터로 우리가 소반이라고 부르는 조선시대 식반의 규격과 크게 다르지 않다. 또 이러한 규격의 동제안(銅製案)이 중국 광주시(光州市)의 한 묘에서 출토된 일이 있고, 지금 우리가 대하고 있는 소반과 비슷한 유형의 것으로는 2~3세기 중국 하남성 밀현 타호정(密縣打虎亭) 2호분 중실(中室) 북벽에 그려진 귀족들의 연회 장면에 둥근 소반이 등장하는 예도 있다.

이러한 중국과 일본의 출토품으로 미루어보면 고구려 벽화의 4각반도 그와 유사한 목반으로 볼 수 있으며 보통 이와 같은 반이 생활 용구의 하나로 널리 쓰였으리라고 미루어 짐작할 수 있다.

목제의 반상이 삼국시대를 거쳐 통일신라, 고려로 이어져 내려왔으리라고 짐작은 되나 현재 우리 곁에 남아 있는 유물이 없으므로

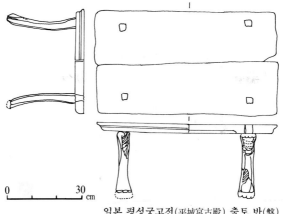

일본 평성궁고전(平城宮古殿) 출토 반(盤)

분명하게 어떠한 것이라고 말할 수는 없다. 따라서 여기에 모아 놓은 조선시대 소반으로는 기원을 밝히기 어렵고 다만 기록을 통하여 그 면모를 엿볼 수 있을 뿐이다.

「삼국사기」잡지(雜志) 직관조(職官條)에 통일신라시대에는 궤(机)와 반상의 제작을 다스리는 궤개전(机槪典), 궤반국(机盤局)이라는 부서가 있었다는 기록이 남아 있다.

고려시대에는「고려사」식화(食貨) 영봉조(泳俸條)에 소목장, 조각장, 나전장, 칠장 등이 중상서(中尙署)에 소속되어 있었다는 기록이 있어 목공품의 생산이 훨씬 체계화되고 관(官)의 관리 아래서 수공업이 육성되었음을 짐작하게 한다.

또한「고려사」예지(禮志)에 나타난 물목에 조안(詔案), 서안(書案), 향안(香案), 안상(案牀), 과안(果案), 수준안(壽尊案), 화안(花案), 인안(印案), 필연안(筆硏案) 등이 열거되어 있어 기물을 받치는 상도 다양하였음을 알 수 있다. 또 고려시대 사람들의 일상 생활을 소개하는 항목이 많은「고려도경」에 고려의 가구는 대체로 중국과 유사한 상탁(牀卓), 연대(燕台), 좌탑(坐榻), 괘탑(卦榻)

등의 가구를 사용한다고 했다. 또 식사 때에는 탑(榻) 위에 앉아서 그릇을 올린 단칠조(丹漆組)를 사용한다고 기록되어 있다. 조(組)의 크기는 세로 3척, 가로 2척, 높이 2척 5촌이라고 상세히 기록하고 있다. 이것이 소반의 사용 예와 규격을 가장 구체적으로 설명한 것이라고 할 수 있다.

고려시대에는 국제 무역이 활발했고 장엄한 불교 미술의 영향도 있어서 화려하고 풍요로우며 사용하는 기물도 국제성을 띤 것이 많았다. 또 그 생산 기술도 외래의 것을 주저하지 않고 수용하였기 때문에 기록 등으로 미루어 입식 가구와 함께 소반과 같은 좌식 가구도 쓰였으리라고 추측할 수 있다.

왕조가 바뀐 조선시대에 이르러서도 고려의 문물이 급격히 변화하지는 않았을 것이고 따라서 조선 전기까지는 국민 생활의 방식이나 용구에 큰 차이가 없었을 것이다. 그러나 조선왕조의 사회 이념이 유교였기 때문에 고려말의 호화로운 장식이 주도하던 생활 환경이 검소와 청빈을 앞세우는 사대부 계층의 검소한 환경으로 바뀌게 되었다.

아울러 엄격한 신분 제도가 확립되면서 조선 사회는 교역도 줄어들고 수공업도 소규모의 가내 수공업으로 바뀌어 문물의 공급도 제한을 받게 되었다. 따라서 일상 용구도 경제적이고 기능 위주로 바뀌어 갔다. 소반도 이와 같은 사회 경제적 영향을 받은 소박한 조선시대 생활 용구 중의 하나로 발달되었다고 할 수 있다.

소반의 조형적 특성

조선시대에 이르러 주거 공간이 평좌식의 생활을 하는 온돌방 구조로 정착되면서 집 안에서 쓰이는 여러 가지 가재 도구도 앉아서 생활하는 데 적합한 형태로 바뀌게 되었다. 따라서 입식 생활을 하는 중국이나 서양의 가재 도구와는 달리 독자적인 특징을 갖추게 되는데 소반이야말로 평좌식 주거 공간에 알맞은 규격의 대표적인 용구이다.

기물을 받치는 도구로는 탁(卓), 반(盤), 상(床) 등이 중국으로부터 전해져 고려시대에 이르기까지 우리 생활에 많이 쓰이던 용구였으나 탁(卓)은 주거 생활이 좌식으로 정착되면서 점차 전통적인 제사나 의식 때만 쓰는 도구로 남게 되었다. 따라서 높은 다리의 제탁(祭卓), 경탁(經卓), 책탁(冊卓)은 이런 특별한 수요를 위해 제작되었다.

그러나 소반은 사회 규범과 신분 질서가 엄격하여 사랑채, 안채, 행랑채로 구분되었던 생활 공간에서 운반이 손쉬운 형태의 규모, 구조로 제작된 생활 용품이고 모든 계층이 널리 사용하였던 만큼 그 종류와 형태도 매우 다양하게 발달하였다. 소반은 기본적으로 바닥에 앉아서 식사하기에 적당한 높이의 다리와 식기를 받치는 상판으로 구성되어 있으며, 운반을 위한 기능이 중시된 동구(動具)라는 점이 가장 큰 구조적 특성이다.

상과 반

우리나라에서는 상과 반을 뚜렷이 구분하지 않고 소반이라고 통칭한다. 이는 소반이 상의 기능과 함께 부엌에서 사랑채나 안채로 식기를 담아 옮기는 쟁반의 기능을 겸하고 있기 때문이라고 생각된다.

상은 연상(硯床), 책상(冊床), 경상(經床)과 같이 비교적 이동 거리가 짧거나 별로 옮기지 않는 데 반하여, 반은 담아서 옮기는

명월완선, 17세기

동경 국립박물관 소장 반(盤), 17세기

58 소반의 특성과 쓰임새

데 사용되는 'Tray'의 기능이 크다. 이런 반은 다리가 없거나 짧은 발이 달린 것이 일반적인 구조이다. 중국에서는 앞서 설명한 한묘 (漢墓)인 장사 마왕퇴(長沙 馬王堆) 1호분에서 식기를 올려 놓은 4각칠반이 출토된 바 있다. 이 반은 주칠(朱漆)과 흑칠을 했으며 당초문, 운문(雲紋)이 정교하게 그려진 칠반이다.

우리와 같은 좌식 생활을 하고 있는 일본에서도 중국과 같은 반이 널리 사용되었는데 방형과 원형의 칠반(漆盤)이 전래되고 있다. 예컨대, 17세기에서 19세기의 유품인 가마꾸라 명월원(鎌倉市 明月院)에 소장되어 있는 17세기의 명월완선(明月碗膳), 사실적인 그림으로 장식된 동경 국립박물관의 소장품 등이 그것이다. 이들 중국과 일본의 반은 상의 기능보다는 기물을 담아 옮기는 요즈음의 쟁반 기능이 크기 때문에 우리의 소반과는 조금 다르다.

우리나라에도 쟁반의 기능으로는 목반이 있는데 목판이라고도 하며 8각, 4각, 원형의 다리가 없는 것도 있고 짧은 발이 달린 것도 있다. 직접 음식이나 식기를 담아 운반하기도 하고 간단한 다과나 간식을 담아 놓는 상으로도 쓰였다. 이에 비하여 소반은 식기를 받치고 옮기는 기능의 쟁반이면서 방 안에 들어와서는 그대로 상이 되도록 긴 다리를 달아 놓은 것이다.

이는 침실, 거실, 식당이 분리되지 않은 좁은 공간에서 여러 용도로 활용하기에 적당한 지극히 합리적이며 편리한 생활 용구인 것이다. 좁은 방에 식사를 위한 상을 따로 비치하지 않고 식사 후 상을 내가도록 고안한 이중 기능의 소반은 조선인의 기발한 생각의 소산이고 우리만의 특색이다. 이러한 이중 기능이 바로 소반의 가장 큰 특성이기도 하며 소반의 크기와 구조를 결정짓는 요인이 되기도 하였다.

소반의 기능과 구조

　보통 민가에서 일반적으로 쓰이는 소반의 크기는 그 너비가 50
센티미터 내외이다. 이 너비는 한 사람이 소반을 받쳐 들고 부엌에
서 마당을 지나 대청을 오르고 그곳을 건너 안방이나 사랑방으로
옮겨가는 데 과다한 힘을 쓰지 않도록 계산된 크기이다. 곧 보통
성인의 어깨 넓이를 넘지 않으며 양팔에 부담을 주지 않도록 생활의
경험과 지혜가 표출해 낸 수치인 것이다. 높이도 25~30센티미터
내외로서 몸을 심하게 구부리지 않고 팔을 움직이는 데도 불편함이
없다.

　물론 용도에 따라 소반의 규격은 다양해진다. 다상(茶床)이나
술, 약, 과일, 과자를 위한 소상(小床)은 규격이 작으며, 두셋이 둘러
앉거나 돌상과 같은 특별한 상인 두레반의 경우처럼 넓이가 넓은
것도 있다. 그러나 모두 운반하기 쉬운 규격을 벗어나지 않는다.

　이처럼 운반을 위한 동구(動具), 더우기 무게가 묵직한 유기나
도자기를 얹어 날라야 하는 기능 때문에 소반은 구조적으로도 특징
이 있다. 곧 소반을 만드는 재목은 가벼우면서도 튼튼한 은행나무,
가래나무, 피나무, 오동나무, 소나무 등이 선택되었고 무게를 지탱하
기 위하여 목재의 연결 부분을 지혜로운 짜임으로 튼튼하게 짜 맞추
었기 때문에 가는 다리가 무거운 반을 지탱할 수 있는 역학적 구조
가 채택되었다.

　운반 기능을 위하여는 기물을 놓는 천판이 밖으로 나와 별도의
손잡이 없이 양손으로 잡을 수 있도록 설계하고 무게를 받치는 다리
는 구조적으로 튼튼하게 하되 시각적으로 안정감을 주고 유려함을
가하기 위해 운각(雲脚)을 끼웠다. 다리는 호족(虎足), 구족(拘足),
마족(馬足) 등 여러 가지 모양으로 디자인하고 죽절(竹節)이나 초형
(草形)의 풍혈(風穴)을 달아 장식하기도 하였다.

소반은 위와 같은 기능을 위한 고안 외에 장식을 위하여도 여러 가지 방법을 사용하였다.

소반의 칠

소반의 장식으로는 목리(木理)가 아름다운 것을 골라 소반의 반면(盤面)으로 사용하기도 하고 표면에 생칠(生漆), 주칠(朱漆), 흑칠(黑漆), 투명한 식물성 유칠(油漆)을 하여 표면을 장식하기도 했다. 이런 칠은 표면 장식의 효과뿐 아니라 목재의 부식을 방지하는 보존의 지혜이기도 하였다.

칠의 역사는 그 기원이 오래 되었다. 멀리 이집트 신왕조의 소년 왕 투탄카멘(B.C. 1334~1325년)의 유적에서 발굴된 목재 의자나 옷상자의 검은 칠은 아직도 반짝이는 채로 전해 오고 있다.

중국에서는 주나라 때부터 사용되어서 전국시대(B.C. 401~251년)의 고분에서 최상급의 칠기인 이배(耳杯), 의자, 쟁반 등이 다량 출토되기도 했다. 그 후로도 칠기는 한대(漢代)에 크게 성행하여 인근 국가에도 전파된다.

한반도에서도 일찍부터 칠이 쓰였으며 청동기시대에는 토기 표면을 칠로 치장하기도 했다. 원삼국시대 유적에서는 검은 옻칠을 한 토기가 출토되기도 한다. 특히 1988년 1월에 국립 중앙박물관 조사반이 발굴 조사한 경남 의창군 다호리 1호분에서는 중국에 뒤지지 않는 우수한 칠기가 출토되어 원삼국시대에 이미 칠의 생산과 칠을 다루는 기술이 상당한 수준에 있었음을 짐작할 수 있게 되었다. 이와 같이 까마득한 옛날부터 써 온 칠은 삼국시대를 거쳐 고려의 나전칠기, 조선조의 각종 목공품에 사용되는 등 그 맥이 면면히 이어져 온 방법이다.

조선시대에는 대부분 나뭇결이 드러나 보이고 목재의 질감이 살아나 보이는 생옻칠이 주로 쓰였다. 생옻칠은 옻나무에 홈을 내어 받아낸 생즙을 솜에 걸러 칠로 바르는데 처음에는 불투명한 검은색이지만 마르는 과정에서 붉게 피어 오르며 윤기가 나고 투명해지는 고급칠이다.

또 도료 가운데에 상급으로 치는 황칠(黃漆)이 있었다. 황칠도 나무 바탕이 비쳐 보이는 투명칠인데 금빛을 발하며 생옻칠보다 더욱 말갛고 투명하게 비쳐보인다고 한다. 현존하는 유물 가운데 어느 것이 황칠인지 가려볼 수 없으며 황칠의 원료나 제작 방법이 어떠했는지 이제 모든 것이 단절되어 알 수 없다. 다만 고려시대의 「고려사절요」「계림유사」「고려도경」「고려사」 조선시대의 「임원십육지」 등에 황칠에 관한 기록이 남아 있을 뿐이다.

기록에 의하면 황칠은 일찍이 백제시대부터 전라남도 완도, 흑산도, 제주도 등의 서남해안 섬 지방에서 자생하는 수액(樹液)을 채취하여 칠로 썼다고 한다. 고려시대에는 '신라칠'이라 해서 다른 나라와 교역까지 하던 특산품이었으며 고려와 조선조에 와서도 나주목(羅州牧)의 조공품이었기 때문에 나주가 본관인 조선왕조는 이 칠을 귀히 여겨 고급 목가구에는 황칠을 하였다고 한다.

「임원십육지」에 통영의 목반에 황칠을 한 것이 가품(佳品)이라고 기록되어 있는 것으로 보아도 황칠을 한 소반이 고급품이었다는 것과 조선 후기까지도 황칠이 계승되었음을 알 수 있으나 유품은 없다.

일반 민가에서는 생옻칠이나 고급의 황칠은 아니지만 나무판이 들여다보이는 식물성 투명유를 칠했다. 즉 비싼 칠 대용으로 황토나 주토(朱土)를 나무판에 문질러 빛깔을 내고 들기름, 호도기름, 콩기름, 잣기름, 오동기름 따위의 식물성 기름을 칠하여 문지르고 닦아 윤을 낸 것이다. 쓰면서도 계속 길을 들여서 반들반들하게 손때가

묻은 소박하고 질박한 소반이 가가호호의 부엌마다 걸려 있었다.

　이러한 민가의 소반과는 달리 궁중에서는 보편적으로 주칠이나 흑칠의 불투명칠을 한 소반이 사용되었다. 주칠이나 흑칠은 옻나무를 태워 정제하여 얻은 칠에 철분이나 안료를 섞어 붉은색 또는 검은색을 내어 소재가 드러나지 않도록 완전히 칠로 발라 버린 것이다. 이러한 칠반은 예부터 써 온 칠기의 전통이 이어진 것이다.

　고려시대에도 궁에서는 주칠반을 사용하였던 듯하다.

　「고려도경」에

　"왕궁에서는 평소에 주칠을 한 상을 썼다. 탑상에 앉아 상에 그릇을 차려 놓고 마주 앉아 음식을 먹었다."

라고 기록하고 있는데 단칠조는 주칠반으로 추정된다.

　조선조에 와서도 상류층에서는 주칠반을 애용하였는데, 이는 지배계층이 중국 문물을 애용하였으므로 중국 칠기와 유사한 질감의 칠반을 선호하였던 탓이라고도 볼 수 있다. 그러나 신분 제도가 엄격했던 조선왕조는 한때 일반의 주칠 사용을 금하고 궁 안에서만 사용하였다.

　오색으로 화려하게 단청을 올린 궁궐 건축에는 비록 소도구라도 주칠, 흑칠이 주변의 장엄과 조화를 이루었으며, 나무 기둥 그대로 사용한 일반 가옥에서는 나뭇결이 살아 있는 질박한 소반이나 가구가 더 자연스럽게 어울렸을 것이다. 통일성 있게 생활 주변을 가꾼 조선인의 예지를 이런 데서도 엿보게 된다.

　궁중의 화려한 칠반이든 무늬결이 좋은 질박한 민가의 소반이든 매일 쓰고 닦는 생활 용품이기 때문에 그 쓰임새는 계층에 따라 다양하였다.

궁중 소반의 쓰임새

나라에 큰 잔치가 있을 때 궁궐에서는 정해진 치수에 의하여 엄격한 규격으로 소반을 제작하여 사용하였다. 나라의 경사 의례를 기록한「국조오례의」에 따르면 책태후의(冊太后儀), 책왕비의(冊王妃儀), 원자탄생하의(元子誕生賀儀), 책태자의(冊太子儀), 왕태자납비의(王太子納妃儀), 진대명표전의(進大明表箋儀), 원정동지상국성수절망관하의(元正冬至上國聖壽節望關賀儀), 원정동지절일조하의(元正冬至節日朝賀儀), 원회의왕태자원정동지수궁관하병회의(元會儀王太子元正冬至受宮官賀併會議) 등의 각종 길례, 왕과 군신이 함께 모이는 계회(契會), 시회(詩會), 대사(大赦)를 베푼 기념 연회와 같은 크고 작은 잔치 때에는 필요한 소반을 별도로 만들어 썼다.

궁중에서는 잔치가 있기 수개월 전에 택일을 하고 갖가지 준비를 한다. 총책은 진연도감이 맡아 진행하고 의례를 거행한 후에는 그

기영회도, 1585년

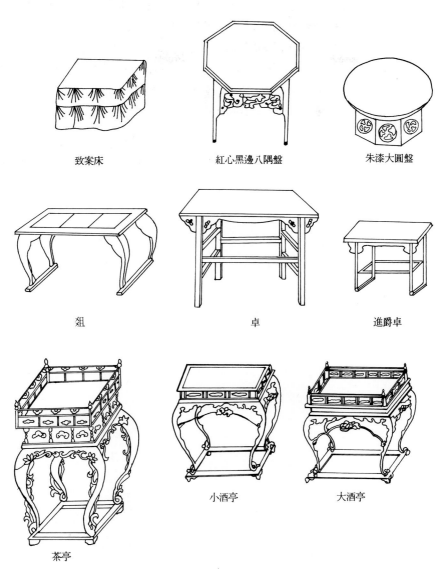

致案床

紅心黑邊八隅盤

朱漆大圓盤

俎

卓

進爵卓

茶亭

小酒亭

大酒亭

조선시대 의궤에 나오는 상탁류

모든 절차를 기록한 '의궤(儀軌)'를 남기게 된다. 헌종 14년(1848) 순조비의 육순을 축수하는 「진연의궤」의 기록을 보면 음식을 차려 놓은 6좌의 주칠찬안(朱漆饌案)을 비롯하여 2좌의 겹상인 주칠협안(挾案), 술이나 꽃을 꽂는 용준(龍樽)의 준대, 은병(銀瓶), 옥배(玉杯), 서배(犀杯)를 올려 놓는 난간이 있는 아가상(阿架床), 은제 다완(茶碗)과 다관을 받친 소원반(小円盤), 술잔을 받친 주칠 진작안(進酌案), 축사를 쓴 두루마리 봉투를 받아 놓는 주칠지사전 문봉치안, 음식을 먹을 때 사용하는 수건을 담아 올리는 휘건함탁 등 소반의 사용 예가 다양하다.

그러나 이들이 기록뿐이어서 어떠한 모양이었는지 또는 규격이 어떠했는지는 정확하게 알 수 없다. 다행히도 각종 길례의 연회 장면을 그림으로 담은 기록화가 남아 있어 소반의 모양과 쓰임새를 다소 엿볼 수 있다. 기록화 가운데 보물로 지정된 것만 해도 중묘조 수관사연도(中廟朝壽官賜宴圖 : 1553년경), 후조랑궁계회도(后曹廊宮契會圖 : 1550년), 기사사연도(耆社私宴圖 : 1720년), 조대비사순 칭경진하도(朝大妃四旬稱慶陳賀圖 : 1847년), 헌종가례도(憲宗嘉禮圖 : 1884년)가 남아 있다. 이들 기록화와 풍속화에 그려진 소반은 궁중의 연회일 경우 음식을 올린 식반은 대부분 주칠의 원반이다.

소반은 한 사람 앞에 한 상씩 받는 독상이며 크기는 높이가 앉은 허리 이상을 올라가지 않고 너비는 양 무릎 폭을 넘지 않는 것이다. 음식을 올리는 식반 외에도 술항아리, 꽃병 등의 기물을 받친 소반이 군데군데 놓였는데 꽃을 꽂아 놓은 준화대나 용준을 올린 상은 대체로 난간이 둘러진 호족(虎足)의 사각반이었다.

민간 소반의 쓰임새

일반 서민의 큰 잔치에서도 소반은 각 사람 앞에 놓이는 독상이고 상에는 음식뿐만 아니라 꽃도 꽂아 축하하는 격식이 있었으며, 소반의 모양은 풍속화에 그려진 것처럼 호족의 주칠반이 대부분이었다.

이처럼 서민층에서 쓰던 소반은 기본적인 밥상 외에도 사람이 태어나면서부터 죽은 뒤까지 곧 출생 의례, 성년 의례, 혼례, 상례(喪禮)에 여러 모로 쓰였다.

산모에게 산기가 있으면 '지양상'이라 하여 상에다 쌀과 정화수를 받쳐 놓고 산모의 순산을 기원하였고 출산하면 정갈한 소반에 밥,

미역국, 정화수를 삼신께 먼저 바친 다음 산모가 첫 상을 받는다. 태어나면서부터 소반과 더불어 생활이 시작된다.

혼인 의례 때는 사주와 혼서지를 소반에 받고, 함을 지고 간 신랑은 신부집에 가면 신부집에서 낸 요기상을 받으며, 혼인 예식 때는 기러기를 받친 전안상이 따로 마련된다. 상례 때는 제탁 앞에 향이나 술잔을 받치는 나지막한 4각형의 소반이 쓰였다.

또 집안 전체를 수호하는 가신(家神)을 위한 성주상, 조상상(祖上床)도 있고 춘향 어미가 소반에 정화수 받쳐 놓고 이도령의 장원급제를 빌듯이 여인들이 가족의 강녕과 다복을 축수할 때 으레 소반을 썼다.

이처럼 소반은 그 쓰임새가 다양하여 조선시대 사람들의 관습, 사상, 심성이 짙게 배어 당시의 문화 배경을 말해 주는 시대적 유물이다. 또 집집마다 많으면 수십 개 적으면 한두 개씩 갖추었던 밥상이기에 그 수요도 많았다.

임금님의 수라상에서부터 대가의 잔치상, 가난한 선비의 소찬상, 일에 지쳐 털썩 주저앉은 머슴 앞에 놓인 한 그릇의 보리밥상 등 쓰임새와 계층에 따라 격을 달리하였다. 또 소반을 만드는 장인(匠人)의 손길에 따라 지방적 특색을 지니고 있다. 이처럼 분류해 가면 이모저모 제작 방법과 감각을 달리한 다양성을 엿볼 수 있다.

소반의 장식과 선

현존하는 조선시대 소반은 대부분이 18~20세기의 것이다. 따라서 조선시대 소반 전체를 한마디로 설명할 수는 없으나 번잡한 장식을 피해 간결한 선과 면으로 조형하고 부분부분에 간략한 장식을 두어 단조로움에 변화를 주고 있다.

장식 문양

상판은 대체로 나뭇결을 그대로 이용하였고 상판을 받치는 다리(운각, 해주반, 공고상, 두레반의 판각)와 풍혈 부분, 호족반의 족통에 일부 장식이 첨가되는데 대체로 정형화된 문양을 투각하거나 음각 또는 양각했다. 부분별 장식, 문양, 조화미를 아래에서 살펴보기로 하자.

상판의 문양
소반의 판은 대부분 나뭇결이 두드러지지 않는 행자목(은행나

장식문양

무)을 으뜸으로 하였으나 일부 괴목판을 써서 그 나뭇결의 아름다움을 노출시켜 장식 효과를 얻기도 하는 정도였으며 번잡한 장식은 하지 않았다.

조선시대 말기에 이르러서는 엄격했던 신분적 규제나 규범이 무너지면서 소반뿐만 아니라 모든 미술 공예에 잡다한 치장이 성행하였다. 이 때에 제작된 소반에는 상판 가운데에 간결하고 작게 쌍희(囍)자문, 복(福)자문, 수(壽)자문, 수복강녕(壽福康寧) 등의 문자문이 장식되기도 하였다. 통영반(자개상) 중에는 화려한 수복강녕, 십장생, 사군자, 천도(天桃), 운학(雲鶴) 등의 무늬를 자개로 놓은 것도 있다.

판각(板脚)의 장식 문양

소반에서 가장 다채롭고 화려한 장식은 판각에 나타난다. 같은 판각이라도 해주반과 공고상, 두레반은 각각 그 문양의 주제가 달라 이채롭다.

공고상의 경우는 판각에 장방형, 원형, 능형의 투창(透窓)을 내어 기능과 장식을 겸하고 있다. 곧 운반할 때 투창이 손잡이의 역할도 하며 바닥에 놓았을 때 광선이 유입되는 기능도 한다. 이 투창에

장식문양

문살을 넣듯이 卍자문, 칠보문 등이 간결한 문살과 같은 문양으로 투조(透彫)되었는데 卍자문이 주로 많이 쓰였다.

卍자문은 기원전 3000년 메소포타미아의 스사에서 출토된 접시에 그려진 예가 있어 그 기원은 아득하다. 우리나라에는 불교가 공식으로 전래된 이후 건축, 공예, 회화의 각종 미술품에 장식 문양으로 널리 쓰이었다.

태양의 운동을 상징하고, 불교의 윤회사상을 상징하는 卍자문이 조선조 소반에 널리 쓰인 사상적 배경은 필자의 좁은 지식으로 설명할 수는 없으나 조선조 목공 가구에 많이 장식된 것으로 보아서는 직선으로 구성된 목공예에 잘 조화되는 미적 요인이 크다고 생각된다. 공고상이나 해주반에 장식된 卍자는 판각의 높이나 넓이에 따라 적절히 배치되어 단아한 맛을 더해 주는 장식 효과를 내고 있다.

가장 다채롭고 화려한 소반 장식은 해주반의 판각 조각이다. 해주반의 판각과 운각은 대부분 투조이거나 도드라진 양각이다. 특히 판각은 밑의 풍혈 위로 전면을 화접(花蝶;꽃과 나비), 모란, 모란당초문을 화려하게 투조하였다. 문양의 배치는 중앙에 만개한 꽃을 놓고 주변에 잎이 달린 가지를 배치하기도 했으나 꽃과 당초무늬가 어울린 화당초(花唐草)가 가장 많다.

판각의 장식문양

72 소반의 장식과 선

모란은 인도가 원산지인 엉거시과(葵科)의 불상화(佛桑花)를 모티브로 한 보상화(寶相花)가 쇠퇴하는 시기인 당(唐)말부터 성행하기 시작한 문양이다. 송, 원, 금으로 이어지면서 포목, 석비, 도자기에 장식 문양으로 등장하였고 우리나라에서는 고려청자에 사실적인 장식 문양으로 많이 쓰였다. 그 후 조선조에 이르러서는 부귀의 상징으로 더욱 성행한 문양이다.

해주반에는 모란문이 가장 많이 쓰였는데 판각 전면을 모란창으로 만든 것도 있고 둥근 투창에 꽃을 넣은 것도 있다. 이렇듯 판각은 창호를 연상시키는 쌍희자, 卍자와 박쥐를 함께 넣은 판각 장식 등 다양하지만 모란, 卍자를 주제로 하는 몇 가지 정형이 주류를 이루고 있다.

판각의 장식문양

운각과 족통의 장식

운각은 상판과 다리 사이에서 힘을 분할하는 역학적 기능을 하는 구조 부분이지만 항상 시선이 머무는 측면 위치이므로 조각을 넣어 장식하였다.

장식을 하지 않는 나주반의 경우도 운각의 운형을 변화 있게 깎아 내기도 하며 간략한 당초문을 양각하기도 한다. 통영반의 경우는 운각을 직선으로 대어 면을 구성하고 있으므로 그 판면에 당초문을 음각 또는 양각으로 장식하여 단조로움을 피하였다. 화려한 투각의 판각이 달린 해주반은 판각의 조각과 어울리도록 운각도 투조의 당초문, 나뭇잎문, 화초문, 박쥐문 등 다양하고 화려한 조각으로 조화를 이루도록 하였다.

이 밖에 과반과 같은 작은 규모의 소반에도 모란당초를 투조한 운각으로 장식한 특이한 것도 있다. 임금님의 수라상으로 쓰인 궁중 호족반의 운각은 대체로 정교한 당초문이다.

소반의 다리에도 약간의 변화를 주어 장식성을 띤 것이 있는데 안주반의 발 끝에 뇌문을 조각한다든지 나주반이나 통영반의 곧은 다리를 대나무의 마디(竹節形) 모양으로 깎은 것 등이 그 예이다. 궁중반인 호족반의 경우에는 족통에도 당초 투조로 멋을 내어 품위를 높였다.

또 연엽반이라는 일주반(一柱盤)인 경우 한 다리를 꼬아 놓은 형태로 조각하기도 하고 곡선을 넣어 변화를 주면서 보조 다리를 화당초의 화려한 조각으로 연결한 예도 있다. 반월반(半月盤)과 같은 별반에는 선비들의 문기(文氣)어린 한 줄기의 초화가지를 음각하여 청아한 분위기를 연출해 내기도 한다.

운각의 장식

다리의 장식

76 소반의 장식과 선

다리의 장식

소반에 쓰인 곡선

소반을 구성하는 면과 선은 수평면이 수직선으로 교차되는 건축과 같은 구성이므로 상판을 받치는 다리는 지붕을 받치는 기둥과 같은 구조가 되어 목조 건축의 안정감과 힘의 분산을 위한 역학적 배려가 계산되어 있다. 즉 기둥이 밑으로 내려오면서 밖으로 뻗치고 위로 올라가면서 좁아드는 안오금을 주는 이치대로 해주반의 양쪽 판각이나 나주반, 통영반, 호족반의 네 다리는 모두 밑으로 내려오면서 밖으로 벌어져서 힘을 고루 받도록 짜 맞추어 수직선과 수평선의 교차에서 오는 경직된 느낌을 시각적으로도 보완하는 구성이 이루어진다.

또한 선과 선이 이루는 직각의 날카로운 자극을 줄이기 위하여 모든 재목은 모를 죽여 사용하여 어느 부분을 만져도 부드럽고 평화로운 분위기이다. 이 때문에 우리가 소반을 대할 때에 따뜻한 모정이 배어 나오는 듯한 느낌을 가질 수 있고, 우리 민족만이 공감하는 따사로운 인정까지도 교류된다 하겠다. 날카로운 각의 자극을 싫어하는 우리 미술은 석조물에서도 마찬가지여서 단단한 재질의 화강석으로 직선이 교차된 석탑을 쌓을 때도 모서리를 정으로 깎아 내는 수고를 더해 부드럽고 온화한 분위기를 연출해 내고 있다.

소반은 그렇게 각재의 모를 깎아 부드러운 재목으로 조합하면서 아울러 풍만한 곡선을 적절히 배합하고 있다. 호족반의 구부러진 다리의 외형선이 그 한 예이다. 굴곡이 완만한 S자 형의 선은 조선시대 건축 장식과 공예품에 자주 등장하는 장식선이다.

조선 백자병이나 항아리의 선, 목조 건축의 출목 장식선에서 볼 수 있는 유려한 곡선 등은 선의 굴곡이 심하게 노출되지 않으면서 직선이나 경직된 구성의 자극을 줄이고 있는 우아한 선이다. 이 선이야말로 소반이 담고 있는 조선시대 사람들의 사상, 기호, 습성을

풍혈의 여러 가지

표출해 낸 한 예라고 할 수 있다.

또 하나는 곡선이 적절히 가미되어 절묘한 선을 이루는 공고상의
화두창(火頭窓)이다. 공고상에는 음식을 차려 머리에 얹고 나를
때, 앞을 내다보기 위하여 안면에 창구를 내었는데 그 창구가 모두
화두형의 곡창이다.

화두창은 페르시아 사산왕조의 건축물에 나타난 창의 형태이다.

통일신라 때부터 유입되어 고려의 불교 미술에서 성행한 이국적 요소이나 우리 미술에 많이 쓰였고 소반에도 쓰이고 있는 점이 흥미롭다. 이 화두형의 창구가 일상 용구인 조선조 소반에 나타난 것은 문화 전통의 맥이 크고 깊음을 보이는 예라고도 할 수 있다.

공고상의 화두창은 소반의 규격과 높이에 따라 넓은 것, 좁고 높은 것 등 몇 가지로 멋을 내고 있는데 이를 머리에 쓰면 힌두교 예식을 치르는 인도 여인의 화관 윤곽처럼도 보인다.

또한 화두창은 궁중 두레반의 장식으로 쓰이기도 하였는데 그 형태는 다양하다.

부엌에 놓인 여러 가지 소반

소반의 종류와 특징

소반의 종류는 그 나누는 방법 곧 쓰임새, 생산지, 상판의 형태, 다리 모양, 또는 운각의 장식 문양에 따라 그 이름도 각각 다르며 다양하게 분류할 수 있다.

생산지별 분류

소반의 제작이 대체로 소규모의 가내수공업이었기 때문에 각 지방마다 전통적인 형태가 형성되었고 상머리에 그 제작소의 이름이 붙여지는 일은 시골 장터에서도 흔히 있는 일이었다. 생산지에 따라 특징이 달라서 만든 고장의 이름이 소반의 고유명사가 된 것으로는 나주반, 기호반, 해주반, 통영반, 안주반 등이 있다.

이 가운데 나주반, 통영반, 해주반은 반상이며 형태나 규격이 정형화되어 조선시대 소반의 기본형이 되었는데 이 기본형에 다소의 변화와 장식이 첨가되어 다양한 모양의 소반이 나타나게 되었다. 이들 세 기본형 외에도 제작 여건과 기능에 따라 쟁반의 기능이

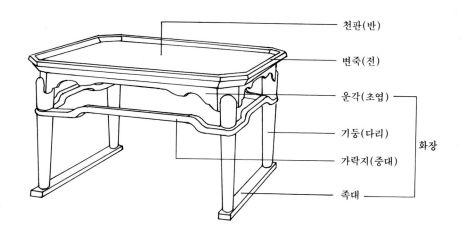

천판(반)

변죽(전)

운각(초엽)

기둥(다리)

가락지(중대)

화장

족대

화장 단면

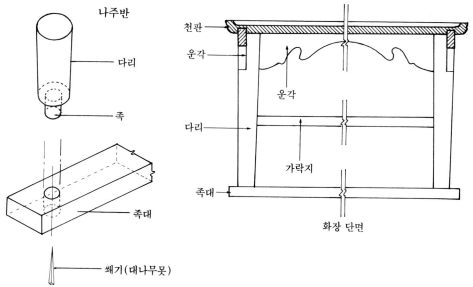

나주반

다리

족

족대

쐐기(대나무못)

천판

운각

운각

다리

가락지

족대

화장 단면

82 소반의 종류와 특징

강화된 발이 얕은 통나무 쟁반이나 소반이 있는가 하면 판각이 달린 강원도의 4각반처럼 민예성이 강한 막소반도 상당수 남아 있다.

이 밖에 왕실 전용으로 궁중에서 제작된 주칠, 흑칠, 생옻칠의 정교한 두레반, 장식이 달리 호족반 등을 대궐반 또는 궐반이라 구분하기도 한다. 이제 생산지에 따른 몇 가지 소반의 특성을 살펴보기로 한다.

나주반

나주는 예부터 국제 무역항으로 개발되었던 영암, 영산포와 연결된 서남해안 평야 지역의 고장이며 일찌기 문물이 발달하였던 곳이다. 삼국시대에는 불미지국, 백제 때는 발라, 통의로 불리었으나 통일신라시대부터 나주라 일컫게 되었다. 고려 태조 왕건이 나주에 내려와 해상권을 장악하면서 고려 건국의 기틀을 마련한 곳이어서 이곳에 5군과 11현을 총괄하는 나주목이 있었다.

조선조에 이르러서도 나주는 지형이 한양과 유사하다고 해서 소경이라 했고 토질이 비옥하고 호남 지방의 각종 문물이 모여드는 한반도 서남부의 문화 중심지였다. 게다가 서남해안의 조공품인 황칠이 나주를 통하여 공급되었으며, 조선왕조 이왕가(李王家)의 본관인 전주와 인접한 지역이어서 왕가 또는 집권 계층인 사대부 계층과 교류가 많았던 탓인지 목공품이 유명해졌다.

그래서인지 나주반은 잡다한 장식이나 화려한 조각이 없으며 나뭇결이 그대로 들여다보이는 투명한 생칠이 쓰이었다. 나주반은 꾸밈새는 없으나 견고하고 튼튼한 짜임과 투명하고 붉게 피어 오른 부드러운 광택의 칠이 특징이었다. 이 때문에 잘 피어오른 투명한 생옻칠의 목기를 나주산이라 말할 정도였고 실제로 나주반이 널리 사랑을 받았다.

나주반에는 4각반, 12각반, 호족반, 단각반이 전해 오는데 보통

말하는 나주반은 보편화된 반상인 4각반이다. 반의 상판은 장방형이며 네 귀는 귀접이하여 모를 잘라 낸 형태이다. 변죽(상 가장자리)은 따로 홈을 파 낸 각재를 써서 판의 주변에 물리고 꽉 끼어서 판이 틀어지는 것을 방지하고 있다. 나주반의 특성 가운데 하나인 이 변죽의 짜임이 판을 물고 있는 형태의 반을 모두 나주반이라 부르기도 한다. 변죽의 구조 때문에 다른 지방 소반의 변죽보다 두께가 두툼(한 치 정도)하다.

운각(雲脚)은 상판 아래에 단순한 온초, 반초의 선을 넣어 뽑은 좁은 판으로 대었는데 이 운각에 다리의 상부를 연결시키고 있다. 운각 표면에 당초와 같은 간략하면서 운치 있는 단순한 장식을 하기도 하나 번잡한 장식은 천시하였다.

다리는 둥글게 깎아 곧게 뽑아 내리는데 다리의 상부에 골을 깊게 파 내어 운각을 끼도록 된 짜임이다. 네 다리의 균형을 잡고 힘을 분산하기 위하여 다리 중간에 중대(가락지)를 대는데 굽은 가락지와 곧은 평가락지 두 종류가 있다. 아무런 조각이 없는 발은 촉을 달아 족대에 끼워 반을 더욱 안정되게 구성하였다.

판재는 주로 행자목을 쓰되 통판을 최상으로 쳤다. 행자목 외에도 피나무를 쓰는 경우가 간혹 있었으나 잡목은 쓰지 않았다. 다리와 운각은 단단하고 강하면서 잘 휘어지는 조선 소나무나 버드나무를 사용하였다. 다른 부재도 곳곳에 알맞는 나무를 골라 쓰는 등 지혜로운 구성의 소반이다.

해주반

해주는 본래 고구려 영토로 내미홀군이라 불리다가 신라 경덕왕 때 폭지군으로 개칭되었는데 고려 태조 때에, 바다에 임하고 있다고 해서 해주라는 이름을 내렸다.

고려 성종 때 목(牧)을 두고 양주와 더불어 고려의 수도인 송도의

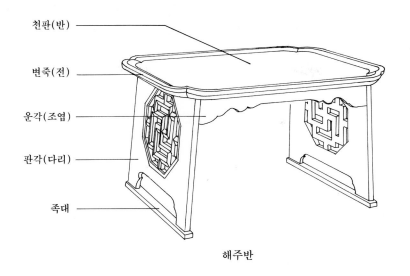

천판(반) ————

변죽(전) ————

운각(조엽) ————

판각(다리) ————

족대 ————

해주반

판각, 운각의 연결 짜임

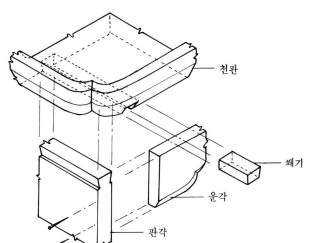

천판

쐐기

운각

판각

판각과 족대의 짜임

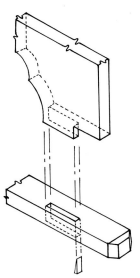

해주반 실측도

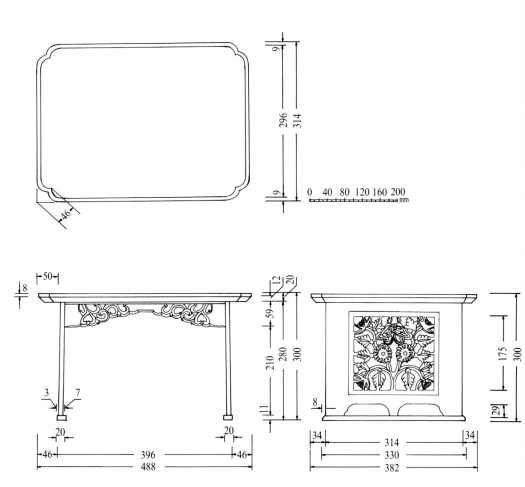

좌우보가 되었던 지역이므로 중앙 문화의 영향이 오래도록 전해 오던 곳이다. 이러한 지역적 영향 때문인지 해주반은 연당초, 모란, 卍자 등의 화려한 투조 장식이 많이 들어 있어 조선조의 단순 소박한 구성과는 달리 복잡하고 화려한 고려적 분위기가 배어 나온다고도 할 수 있다.

상판은 장방형의 네 귀를 능형으로 굴려 부드러운 곡선을 이루게 하였고 판은 두꺼운 통나무 판을 파 내어 제물 변죽을 만든 통판이다. 다리는 상판 아래 좌우 양끝에 판각을 세웠는데 이 판각은 밑으로 내려오면서 밖으로 벌어지게 달아 무게를 받는 힘의 배분과 시각적인 안정감을 유도한 설계이다. 운각은 두 판각을 연결하여 반의 힘을 받도록 판재로 구성되어 있다.

해주반의 특징은 양쪽의 판각과 운각이 모두 투조의 조각판이라는 점인데, 장식성이 강하여서 기능적인 구조는 약해진 흠이 있다. 재료는 각부 모두 가래나무를 쓰고 있다.

통영반

경상남도 고성반도 남부에 위치한 통영은 본래 고성군에 속한 관방이었는데 임진왜란 이후 충청, 전라, 경상의 삼도 통제사의 영(營)인 통영이 한산도에 있을 때부터 각광을 받던 고장인데 통영을 이곳으로 옮기면서 지명이 되었다.

통영반은 조선 중기 이후부터 이름이 난 소반이다. 18세기 조선 팔도의 물산을 열거해 놓은 서유구의 「임원십육지」에 통영의 문목반이 좋은 소반이라고 소개된 것으로 보아 조선 말기까지도 통영반은 이 지방의 명산품이었던 듯하다. 더우기 통영의 나전칠기가 유명해지면서 상판에 십장생, 천도, 운학 등 화려한 무늬를 자개로 놓게 되자 그 외형적 특징과 함께 자개반으로 더욱 이름이 나게 되었다.

상판은 해주반과 같이 통판을 파 내어 변죽을 만들고 장방형 판의

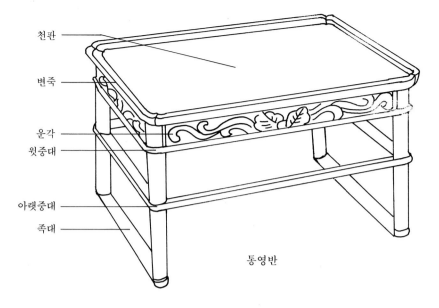

천판

변죽

운각
윗중대

아랫중대
족대

통영반

네 귀를 능형으로 곡선을 넣어 깎아 내고 반의 중앙에는 자개로
복(福)자 등 글자 무늬를 장식하기도 하였다.

　다리는 상하에 축을 만들어 끼되 상의 네 귀에 바로 붙여 곧게
내려와 반을 받치도록 되어 있다. 반 밑 다리 사이에 초엽이라는
조각판(운각)을 대고 초엽 바로 밑에 중대를 둘러 다리와 초엽을
고정시켰다. 다리 중간쯤에 또 한 단의 중대를 둘러 네 다리를 연결
하여 반을 안정시켰다. 곧 나주반은 중대가 하나인데 통영반은 아래
위 두 곳에 있어 다리를 고정시키는 데 더 힘을 들인 것이다.

　통영반은 튼튼하면서도 나주반에 비하여 제작이 편리하고 실용적
이어서 그 구조가 널리 통용되어 최근까지도 통영반의 형태가 밥상
의 정형이 되었다. 초엽을 양각하거나 투조로 장식한 점이 특징인데
그 조각의 격이 조금 떨어져 보이는 것이 우리가 흔히 보는 통영반
이다. 역시 상품은 행자목을 사용하였고 간혹 피나무를 쓴 것도
있으며 다리의 용재는 소나무를 이용하고 있다.

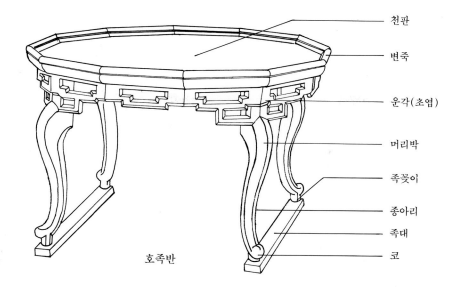

천판

변죽

운각(초엽)

머리박

족꽂이

종아리

족대

코

호족반

생김새에 의한 분류

상판의 모양에 따라 4각반, 6각반, 8각반, 12각반, 원반, 연엽반, 반월반으로 구분되고, 다리 모양에 따라 호족반, 구족반, 마족반, 다리가 하나인 일주반(단각반이라고도 함)으로 나눈다. 전체의 모양이 특이한 형태나 구조로 짜여지고 정교한 무늬로 장식된 특별한 용도의 이형반(異形盤)은 별반(別盤)이라고 한다.

호족반

조선조 소반의 가장 보편적인 것이 호족반이다. '소반' 하면 누구나 구부러진 동물 발 모양의 네 다리를 연상하게 된다. 이 네 다리가 버티면서 안정감을 주는 것이 소반이다.

상판을 받치고 있는 다리의 어깨가 힘있게 밖으로 불거지면서 흐르는 선이 다시 안으로 구부러져 유연한 S자 형을 이루다가 발끝이 밖으로 살짝 내밀린 형태가 기본형이다. 상판은 12각형이 일반적이고 간혹 원형판도 있다. 대부분 통판이며 운각이 둘러지고 운각에 호랑이 다리가 네 곳을 받쳐 반을 받고 있다.

나주에서는 호족반도 통판이 아니라 아구를 물리는 변죽을 대어 반을 짰다. 다른 지역에서는 통판을 깎아 제물 변죽을 이룬 점이 다를 뿐이다. 제작 방법이 용이해서 대량 생산이 가능했던 탓인지 전라도 남부 지역을 제외한 전역에서 즐겨 사용되므로 굳이 지방별로 구분할 의미가 없다.

대궐의 수라상으로 쓰이던 호족반은 다리의 굴곡이 힘차고 위용이 있으며 높이가 높고 반은 날렵하게 다리보다 밖으로 뻗쳐 있는데, 보통 민가의 호족반은 반의 넓이와 다리의 폭이 비슷하며 다리의 굴곡도 완만하다. 이러한 차이는 시대적인 특성이기도 한 듯, 후대의 것들은 다리의 굴곡도 약하고 힘이 빠져 빈약하고 가늘다. 이는 문약한 조선 유교 사회의 한 단면으로도 생각된다.

조선 전기에는 상층 계급에서만 사용되던 호족반이 후대에는 모든 계층에 쓰인다. 이는 18, 19세기에 신분 사회가 무너지면서 사회적으로 부상한 중인이 사대부의 기물을 많이 썼는데 일반에 널리 쓰인 호족반도 그러한 것의 하나였던 듯하다. 곧 현존하는 호족반이 많은 것은 문방구가 급격히 많아진 것과 같은 사례로 해석해 볼 수도 있다.

용재(用材)는 대체로 행자목이 고급품이나 목리가 좋은 괴목을 택하는 기호도 성행하였던지 호족반의 우수품에는 괴목반도 상당수가 있다. 괴목반의 경우 대개는 들기름을 먹여 쓰면서 윤을 내는 소박한 치장이다.

구족반
구족반은 12각형, 원형이며 족대로 연결된 네 다리의 구성은 호족

단각반의 아랫면

반과 같다. 다만 곡선이 유려한 호족반에 비하여 각을 넣은 다리가 밖으로 둥글게 벌어지면서 발끝이 안으로 굽어져 바닥을 힘있게 딛고 있어 무거운 반을 지탱하는 힘이 배가 되도록 설계된 점이 다르다. 다리에는 아무런 장식선이 없고 굵어서 호족반에 비하여 남성적인 느낌을 준다.

재료는 은행나무, 느티나무를 썼다. 충청도 지방에서 많이 만들어 졌기 때문에 충주반이라고도 한다. 구족반의 영향으로 충청도 지방의 호족반은 다른 지방에 비해 다리가 굵고 다리 외면에 각을 준 것도 있다.

단각반

한 개의 기둥이 반의 중심을 받치고 있어 단각반이라 부른다. 밖으로 보이는 다리는 한 개의 다리로 받쳐 있으나 반 밑과 발은 十자로 교차된 4개의 받침대의 발이 받치고 있어 실제는 숨어 있는 4개의 다리를 가진 소반이라 할 수 있다.

이 단각반은 대부분 반면의 크기가 작아서 간단한 주안상이나 과반으로 쓰였다. 단각의 모양을 원통형으로 해서 반면이 돌아가도록 회전반으로 만든 것도 있고 단각 외에 보조 다리를 4개, 6개로 달아내린 것도 있는데 보조 다리는 연주문, 연당초문 조각으로 장식한 점이 특이하다.

반면도 5화형(五花形), 8화형으로 모양을 내어 소반 가운데 가장 장식성이 강한 것이 특징이다.

쓰임새에 의한 분류

소반은 용도별로 이름이 붙여지고 풍속에 따라 별칭이 있었다. 보편적인 반상, 주안상 또 곁상으로 따라 들어가는 신선로상, 술잔상이 있다. 또 밥상 외에 간편식을 위한 다과상, 약상, 다상, 유밀과를 놓는 과반 따위도 있다.

의식과 풍속에 따라 별도로 쓰이던 상으로는, 돌잔치의 차림상으로 쓰이는 큰 백완반이라는 돌상, 혼례식의 합환주상, 기러기상, 제례에 쓰이는 장방형 탁인 제상, 향교나 서원에서 다량으로 쓰이던 원반인 김상이 있다. 특별한 것으로는 봄에 새로 돋은 나물이나 쑥떡(艾餠) 등을 진상하는 춘반(春盤), 머리에 이고 먼 곳까지 나를 수 있도록 고안하여 관청에 점심을 나르던 공고상(番床이라고도 함)이 있다.

공고상

8각 또는 12각의 상판에 8각, 12각의 다리(판각)가 바로 붙은 구조로서 각부에는 화두창의 개구가 뚫려 있는 것이 가장 큰 특징이다. 개구 양쪽으로 안상, 방형, 장방형, 원형의 투창이 뚫리고 투창에는 卍자문, 칠보문 등의 투조가 장식되어 있다. 이 개구나 투창은 관리들이 관청이나 대궐에서 숙식할 때 상노가 음식을 올린 상을 보에 싸서 머리에 이고 나를 때 앞을 내다보고 좌우의 손잡이가 되도록 하기 위한 기능적인 것이기도 하다.

머리에 이고 나르는 반에는 젓가락이나 수저를 넣는 조그만 서랍이 달린 것도 있고 식기를 덮은 유지나 보자기를 반 뒤에서 노끈으로 묶게 된 것도 있었다.

공고상이 관리의 전용이기 때문에 그 생김새는 깔끔하며 재료도 대부분 행자목과 같은 고급 재질을 썼고 칠은 모두 상품의 생옻칠이다. 후에는 이 공고상의 형태가 일반화되어 널리 쓰이게 되자 판각의 높이가 높아져서 머리에 이고 다닐 수 없게 되었다. 앞을 내다보기 위한 개구는 단순한 장식으로 변화했고 반가(班家)에서 풍혈반이라는 이름으로 불리게 되었다.

과반과 곁반

식생활에서 보편적으로 쓰인 식반이 산지별로 유형을 달리하면서도 그 형태는 대체로 장방형, 12각반, 원반으로 굳어져 사용되었다. 이에 비하여 다과상, 약상 또는 간단한 술안주를 내가는 주안상 등의 소반은 규격도 작거니와 반면도 정방형, 6각형, 12각형, 연엽형 등 다양하며 다리도 그에 따라 조화되는 호족, 판각을 적절히 써서 변화 있게 제작하였다.

장식 무늬도 초룡, 당초, 모란, 십장생 등 다양하다. 현존하는 대부분의 유품이 20세기초의 격동기 사회의 산물이어서 그런지 과반류는 간혹 멋을 내거나 많은 장식을 한 것도 있다.

밥상 곁에 놓고 숭늉, 차, 빈 그릇을 받치는 곁반은 높이가 10센티미터 내외의 얇고 작은 장방형이다. 이런 곁상 중에는 반면에 구멍이 뚫려 남비를 올려 놓을 수 있게 한 전골상, 신선로상도 있다. 또 임금님의 수라반에 곁들이는 곁반으로 홍칠반이라는 것도 있다.

궁중반

앞에서도 잠시 언급했듯이 궁중에서는 「가례도감 의궤」대로 갖가지 축연, 행사, 제례 때에 다양한 소반이 쓰였다. 1837년 헌종 3년 효현왕후 가례 때에 쓰인 상과 반만 보더라도 왜주홍(倭朱紅) 대소 사방반 10립(立), 장상 2좌, 대소 찬상 6좌, 주정(酒亭) 1좌, 준화상 1상, 중국반 6좌, 소원반 6립, 과반 6립, 수반 10립이 쓰였다고 기록되어 있다.

그 수와 종류가 놀랍게도 많은 것을 알 수 있다. 그러나 이들의 규격이나 정확한 형태는 알 수가 없어 각 반의 용도도 자세하지 않다. 다만 의궤에 나타난 몇몇의 삽도와 기록화를 통하여 면모를 짐작해 볼 수 있는데 대부분 운란초(雲蘭草) 조각의 장식이 많이 붙고 준화상, 주정, 다정, 준기 등 고정되어 있는 상은 대개가 사방안 이며 화려한 조각 장식의 난간을 둘러 치장하였고 다리가 높다.

운반하는 반상은 원반과 팔우반(八隅盤)이 쓰인 듯하다. 원반은 궁중의 경사스러운 연회 때나 임금이 신하에게 음식을 내릴 때 쓰였다고 한다. 음식을 먹은 후 반은 각자 궁궐 밖으로 가져가도록 허락하였다고 한다.

조선조 때는 궁중의 기물과 민간의 것을 엄격히 구분하여 민간에서는 주칠을 쓰지 못하도록 금지하는 기록이 있을 정도이다. 규격은 민간의 것보다 반면이 넓고 높아 둔중한 구성으로 짜여졌다. 대궐반의 기본 규격은 높이가 9.8~10.5촌, 반의 직경이 12.4~21촌 내외이다(현존 유품 실측).

「오례의」 권1의 '제기도설'에 조(爼)는
"길이가 1자 8치, 넓이(闊)가 8치, 높이가 8치 5분이며 양옆은 주칠을 하고 가운데는 흑칠을 했다."
라고 설명되어 있어 그 규격이나 형태를 짐작해 볼 수 있다.

원반, 두레반, 호족반 외에도 다과반으로 쓰였음직한 화형반, 단각

반은 보조로 세운 다리를 온갖 장식 조각으로 화려하게 구성하기도
했다.

산간 농촌의 막소반

나무를 판재와 각재로 나누어 부분 결구하여 만든 소반과는 달리
한 개 또는 두어 개의 통나무를 칼, 낫, 자귀 등의 간편한 도구로
깎아서 만든 지극히 원시적인 소반이 있다. 이러한 목기는 전라남도
남원, 강원도 산간 지대 등 목재가 풍족한 지역에서 주로 만들어
썼다.

세밀하고 전문적인 기술이 필요치 않아 산간 지대 농민들이 농한
기에 부업으로 만들기도 하고 작은 마을의 장터에서 바로 깎아 팔기
도 하던 것들이다. 이렇게 깎은 목물에는 쟁반, 밥통, 이남박, 함지
박, 나막신 같은 기본적인 생활 용품들이 있는데 모두 자귀 자국이
그대로 남아 있어 투박한 원목의 질감이 생생하게 느껴진다.

통나무 소반은 모두가 타원 또는 원반이고 다른 부분도 통나무를
파 낸 원통형 그대로이다. 간혹 각부에 卍자 투조를 넣는 등 정교한
손질을 한 것도 있고 나막신의 발을 깎아 끼우듯 나무 토막으로
3족을 깎아 붙인 예도 있다. 강원도 지방에는 해주반 형식의 판각
다리를 단 소반도 있는데 이 반면에는 자귀 자국이 그대로 남아
있어 여기에 포함시킬 수 있다.

재료는 서북향골에서 자란 단단한 나무를 그대로 토막을 내어
깎아 만든다. 소나무를 쓰는 경우는 드물고 대개 흔하게 야생하는
때죽나무, 느릅나무, 단풍나무, 피나무, 오리나무, 박달나무 등의
잡목을 많이 썼다.

별반(別盤)

별반은 일상적인 생활 용구가 아니라 특별한 때에 쓰기 위하여

특이한 구조로 제작한 반을 말한다.

현존하는 유물 가운데는 반면을 반월형으로 하고 판상의 세 다리를 붙인 반월반이 있다. 이것은 대궐에서 상의 모서리나 방 벽면에 붙여서 사용하기 위해 특별히 만든 장식반이라고 한다.

또 연지(蓮池)형 반을 받치고 있는 한 줄기의 가는 다리가 거북이 등에 꽂혀 있는 이형반도 있다. 흑칠을 하고 자개로 무늬를 놓았고 부분부분에 주칠을 한 호화로운 반이다. 무게를 받기에는 너무 약한 다리로 짜여져 있고 반면에 시문(詩文)이 자개로 놓여 있다. 식기를 올리는 소반의 기능은 약화된 반이라고 할 수 있으며 확실한 용도는 알 수 없다.

이 밖에도 소반을 그 재질에 따라 자개반, 행자반, 괴목반 등으로 분류하기도 하고, 칠에 따라 흑진칠반, 왜주칠반으로 분류하기도 한다. 칠을 하지 않은 생나무 소반은 백반이라 구분하기도 한다. 또 나무가 아닌 종이를 꼬아서 엮은 지승반(紙繩盤)도 있어 소반은 형태만이 아니라 재료도 매우 다양하다.

소반에 쓰인 나무

조선시대 가구가 모두 그러하듯이 소반의 용재도 각 부위에 따라 그 기능에 맞는 적절한 성질의 목재를 가려 써서 그 지혜로움과 경제성이 우리를 놀라게 한다.

판재로는 통판을 주로 선택하는데 그 판이 뒤틀리지 않고 가벼우며 나뭇결이 고운 은행나무, 호도나무, 배나무, 괴목, 피나무, 가래나무 등이 쓰였다. 은행나무는 넓은 판재를 얻을 수 있고 잘 갈라지지 않으며 가볍고 탄력이 있어 옻칠을 한 행자반을 상품으로 꼽았다.

각재는 힘을 받아야 하므로 무게를 견디어 낼 수 있는 튼튼한 나무를 골라 썼다. 다리 용재로는 소나무, 횡목, 단풍나무, 버드나무를 썼고, 운각에는 부러지지 않고 잘 휘어지는 조선 소나무, 버드나무가 주로 쓰였다.

이 용재를 살펴보면 지방에 따라 차이가 있다. 소반의 지방적 특색은 형태만이 아니라 재료에서도 찾을 수 있는데 소반은 어느 가정에서나 필요한 필수적 용구이므로 각 지방이나 마을의 전문적인 소반장들이 그 지방에서 구하기 쉬운 나무를 썼기 때문이다.

서울과 중부 지방은 은행나무 판을 상품으로 애용하였고 다음으로 괴목을 많이 썼다. 호남 지방은 은행나무 판에 버드나무 다리를 맞춘 상을 으뜸으로 쳤고 다음으론 소나무 판을 많이 쓰고 있다. 영남 지방은 포구나무 판이나 규목반을 썼다.

　판재로 소반을 짠 황해도 해주반은 가래나무를 많이 썼고 배나무, 은행나무도 썼다.

　해주에서 관서 지방으로 올라갈수록 가래나무를 상품으로 쳤다. 강원도나 함경도 산골에서는 산간 지방에서 쉽게 구할 수 있고 재질이 물러서 가공(깎귀질이나 회전 물레질)하기 쉬운 피나무를 주로 썼다. 또 별반이나 서울을 중심한 지역의 두레반의 판각재로는 가볍고 광택이 없는 오동나무가 이용되기도 하였다.

소반의 제작 기법과 연장

　조선조의 산업은 절대적으로 관이 주도하는 관장 제도(官匠制度)
였으나 임진왜란, 병자호란의 전란을 겪으면서 국가 재정이 궁핍해
지고 신분 사회에 변화가 생기자 관의 공장(工匠) 제도가 무너지고
민간의 공장들이 이를 대신하게 된다.

　소반의 제작도 예외는 아니어서 정조 8년에 소반을 제조하는
가칠장(假漆匠)이 제품을 직접 판매하다가 고발되었다는 기록이
남아 있다. 소반은 집집마다 쓰는 필수품이어서 수요가 많아 여러
사공장에서 제작이 활발하였으리라는 것은 쉽게 짐작이 가는 일이
다. 때문에 각 지방마다 전문적인 상방(床房)이 생겨 지방적 특색과
명품(名品)이 생겨나게 되었다.

　이러한 현존하는 많은 소반의 대부분이 사공장의 제품들인데
전통적인 상방의 제작 기법이 지금까지 계승되어 온 곳은 나주와
통영이다.

　이제 나주반을 중심으로 그 전통적 공정을 살펴보기로 한다.

　「전남 민속공예 예비조사 보고」 나주편에 의하면 나주에는 유명
한 목물장(木物匠)인 전승자 박판구, 이운연 두 상방이 있었는데

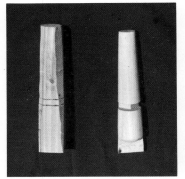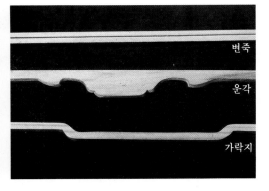

변죽

운각

가락지

나주반에 쓰이는 용재

8·15해방을 전후하여 모두 폐업하였다고 한다. 1988년 나주문화
원 박염종 원장의 제보에 의하면 나주의 재래식 목물방은 박씨방
(박판구), 이씨방(이운연), 손씨방 세 곳이 있었으나 근래 거의
단절되었다가 이씨방에서 제작 기술을 전승한 김춘식 씨(무형문화
제 14호)에 의하여 다시 부활되었다고 한다.

김춘식 씨가 제공한 전통적인 제작 기법은 다음과 같다

재료　판재는 행자목과 춘양목을 쓰고 기타 각부의 용재는
잘 휘어지면서도 견고한 육송을 쓴다.

공정　판에 아구를 물려 변죽을 댄다. 판의 두께는 3.5~5푼.
변죽에 홈을 파서 판의 모서리를 꽉 물리게 한다.

운각을 '뿐장'대로 본을 떠서 길게 따내어 이것을 휘어 가며 판
밑에 두른다. 두께는 4~5푼.

다리는 4각목을 둥근 원통형으로 대패질하고 다리 상부에 깊은
홈을 파서 운각의 ½을 끼워 넣는다.

발에 2~3푼쯤 되는 촉을 뽑고, 족대에 도래 송곳으로 구멍을
내어 촉을 꽂은 뒤 촉 끝에 쐐기를 질러 고정시킨다.

가락지는 원통나무에서 깎아 내어 네 다리의 중간에 단단하게 두른다.

모든 부재를 접합할 때는 언제나 양쪽을 절반씩 아구(홈) 트고 꽉 들어맞게 한다. 못은 쇠못 대신 대못(竹針)을 쓰고 풀은 아교를 서너 번씩 문질러 바른 뒤 순한 화로불에 건조시켜 붙이되 굳을 때까지 베끈으로 동여매어 고정시켜 둔다.

나주반의 제작은 결구의 짜맞힘으로 구성하기 때문에 보이지 않는 부분에 노력이 많이 들며 제작 도구도 톱이나 대패보다 칼을 많이 쓴다. 그런만큼 잔손질이 많다.

칠은 칠장을 따로 둘 만큼 공들여 칠한다. 훈훈하고 습기 찬 움속에서 며칠씩 말려 가며 칠하고 닦기를 너댓 번 거듭한다. 가을에 채취한 좋은 칠을 쓴다.

규격　　나주반은 타지방에 비하여 좀 작은 규모이다. 장인에 따라 약간의 차이는 있으나 일반적인 규격은 다음과 같다.

단위:치(寸)

소반 이름		판 크기(寸)	높이(寸)
	주반(酒盤)	8×11	6.5
독상	여반(女盤)	10×13	7
	남반(男盤)	11×14	7.5
3인반		13×16	9.5
6인반		17×23	10

도구　　소목장의 연장인 톱, 대패, 자귀, 끌, 칼 등이 주로 쓰이는 도구이다.

톱은 탕개를 틀어 톱날을 팽팽하게 유지시키는 틀톱이 필수적인

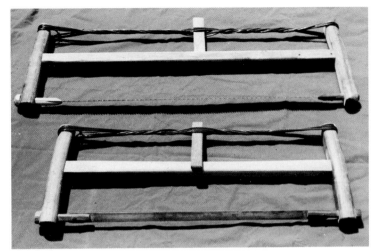

재래식 톱

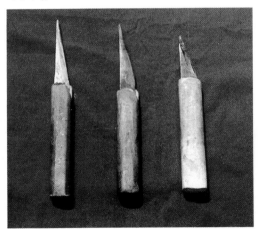

각종 조각칼

각종 대패

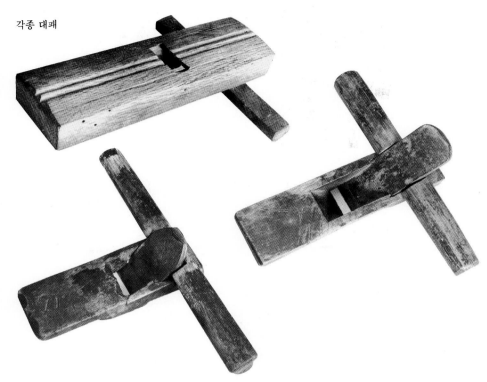

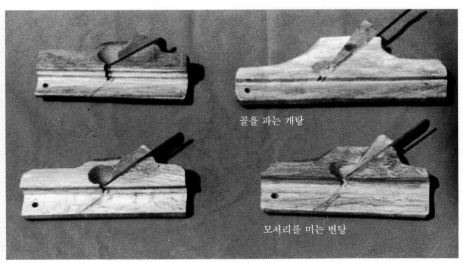

골을 파는 개탕

모서리를 미는 변탕

데 용도에 따라 내리거지, 자름톱, 부판내림이라고 부른다.

대패는 매우 다양하다. 평면을 다듬는 홑날대패, 겹날대패가 있고, 소반의 패기판을 다듬을 때 쓰는 혹대패가 있다. 혹대패란 바닥에 둥근 혹을 붙이고 대패 구멍을 낸 것이다.

또 재목의 모서리를 밀어 내는 변탕이 있다. 소반의 모든 부재는 변탕으로 모서리를 밀어 낸다. 나주반은 서로 끼고 맞추기 때문에 골을 파 내는 개탕이 필수적이어서 칼을 많이 쓰기 때문에 새김칼, 마족칼, 땜칼, 귀도리칼, 밀도 등 칼의 종류도 다양하다. 이런 연장은 장인들이 자기 손에 맞도록 자신이 제작한 것이 대부분이어서 간혹 흥미로운 연장들이 눈에 띈다.

이처럼 연장이 매우 다양한 것은 소반의 구성이 외형적으로는 단순하고 섬약해 보이나 부재의 결구가 치밀하여 목재의 짜임새를 중히 여겼기 때문이다. 이렇게 짜임새가 역학적으로 결구되어 튼튼하고 실용적이기 때문에 오래 된 소반이지만 지금까지도 그 형태가 어그러지지 않고 무게를 지탱할 수 있다.

이런 소반들은 그 실용성과 세련된 구성미가 뛰어나 현대식 입식 아파트 공간에서도 기물을 받치거나 장식반으로 훌륭하게 쓰이고 있다.

참고 문헌

신숙주 「**오례의**」(성종5년)
서유구 「**임원십육지**」권2, 서울대학교(1967)
진홍섭 「**한국 미술사 자료 집성**」일지사(1987)
예용해 「**인간문화재**」어문각(1963)
배만실 「**이조 목공 가구의 미**」보성문화사(1978)
송찬식 「**조선 후기 수공업에 관한 연구**」한국문화연구소(1973)
이종석 「**한국의 목공예**」열화당(1986)
맹인재 「**한국의 민속 공예**」세종대학 기념사업회(1977)
이종석 「**고고미술**」143·144호(조선 칠의 한 특징에 관하여), 한국 미술사 학회(1979)
이칠용 「**칠공연구**」미진사(1984)
박영규 「**한국의 목가구**」삼성출판사(1982)
최순우·박영규 「**한국의 목공 가구**」경미출판사(1979)
최순우·예용해 「**이조공예**」일본 강담사(1977)
池內廣·梅原末治 「**通溝**」만문화협회(1940)
규장각 「**진찬의궤**」(순조 을축년)
이화여자대학교 박물관 「**소반**」(1982)
호남성박물관 「**장사마왕퇴1호한묘**」일본 평범사(1976)
「**세계 미술 전집**」角川書店(1968)

사진 이화여자대학교 박물관 소장품
　　　 장영환 소장품

빛깔있는 책들 101-3

소반

초판 1쇄 발행 | 1989년 5월 15일
초판 6쇄 발행 | 2002년 5월 30일
재판 1쇄 발행 | 2012년 2월 29일

글 · 사진 | 나선화
발행인 | 김남석

편 집 이 사 | 김정옥
편집디자인 | 임세희
전   무 | 정만성
영 업 부 장 | 이현석

발행처 | (주)대원사
주   소 | 135-231 서울시 강남구 일원동 640-2
전   화 | (02)757-6717~6719
팩시밀리 | (02)775-8043
등록번호 | 등록 제3-191호
홈페이지 | www.daewonsa.co.kr

이 책에 실린 글과 사진은 저자와 주식회사 대원사의
동의 없이는 아무도 이용하실 수 없습니다.

값 8,500원

ⓒ Daewonsa Publishing Co., Ltd.
   Printed In Korea (1989)

ISBN 978-89-369-0003-8
ISBN 978-89-369-0000-7 14590(세트)

잘못 만들어진 책은 바꾸어 드립니다.

빛깔있는 책들